ELOGE

DE CHARLES
DE SAINTE-MAURE,
DUC DE MONTAUSIER,

PAIR DE FRANCE,

GOUVERNEUR DU DAUPHIN

FILS DE LOUIS XIV:

DISCOURS

QUI A OBTENU UNE MENTION HONORABLE,
au Jugement de l'Académie Françoife, en 1781;

Par M. LE ROI.

Virtuti verique tenax.

A PARIS,

Chez DEMONVILLE, Imprimeur-Libraire de l'Académie
Françoife, rue Chriftine, aux Armes de Dombes.

M. DCC. LXXXI.

AVERTISSEMENT.

L'AUTEUR de cet Ouvrage ne s'eſt pas flatté, qu'après les deux Diſcours éloquents de MM. GARAT & LACRETELLE, le ſien pût exciter beaucoup la curioſité publique. Il eſpère cependant que ceux qui le liront le trouveront dicté par un bon eſprit, & inſpiré par une ame honnête.

L'Académie n'ayant pas jugé cet Ouvrage, & particulièrement la ſeconde Partie, tout-à-fait indigne d'eſtime, l'Auteur y a fait quelques corrections & ſur-tout quelques retranchements. Si le temps le lui eût permis, il auroit refondu la première, & tâché de lui donner une forme plus oratoire & plus animée.

Au lieu de ſurcharger ce Diſcours de Notes détachées, on a cru plus convenable de placer à fa fuite un Précis de la Vie du Duc de Montausier : c'eſt un extrait de ſon Hiſtoire imprimée en 1729. On n'a preſque fait qu'abréger ce que l'Auteur de cette Hiſtoire a écrit, d'une manière un peu diffuſe, dans un volume de 400 pages.

On a fait auſſi quelque uſage des Souvenirs de Madame de Caylus.

ELOGE

DU DUC

DE MONTAUSIER.

P ARMI cette foule de grands Hommes qui,
dans le dernier siècle, ont honoré la France, il
en est un qu'elle distingue de tous les autres,
en ce qu'il fit voir, au sein d'une Monarchie,
un caractère & des mœurs dignes peut - être
de l'austérité Républicaine. Cet Homme est
le Duc DE MONTAUSIER, dont le nom ne
se prononce point encore aujourd'hui sans
inspirer un sentiment de respect. Une probité
ferme & incorruptible, une valeur & une

A iij

générofité qui fe prêtoient un mutuel éclat, un amour pour fon Roi fondé fur l'amour de la Patrie, des principes rigides au milieu de la corruption des Cours, de la franchife dans le féjour de la fauffeté, de l'élévation fans orgueil, & le cœur le plus fenfible & le plus humain fous un extérieur impofant & févère; tels ont été fes droits à la vénération de fes Contemporains & de la Poftérité; telles font les qualités que nous allons lui voir déployer dans toutes les circonftances de fa vie.

Mais, comme une des plus importantes fut celle où un grand Roi le chargea de l'éducation de fon Fils, nous confacrerons une partie de ce Difcours à confidérer en lui le fage Inftituteur de l'Héritier de la Monarchie Françoife. La manière dont il remplit les devoirs facrés impofés à cette place, doit fournir les traits les plus intéreffants de fon Eloge, puifqu'elle fut fon plus beau titre à la gloire, & qu'elle offre à l'Orateur une ample moiffon de réflexions utiles.

Si le plus digne hommage qu'on puiffe offrir aux manes des grands Hommes eft l'imitation de leurs vertus, puiffe l'Eloge de MONTAUSIER ne pas produire une admiration ftérile, fur-tout

fur cette claffe d'Auditeurs à qui leur état permet plus particulièrement de fe le propofer pour
modèle !

PREMIÈRE PARTIE.

LA vertu fuppofe de la force : elle eft toujours le facrifice de fes penchants à la raifon, de
fon intérêt à fes devoirs. L'homme foible ne
fera jamais véritablement vertueux ; mais les
efpérances que les caractères vigoureux font
concevoir en fe développant, font bien balan-
cées par les craintes qu'ils infpirent. Tous leurs
fentiments prenant la trempe de leur ame, s'ils
s'abandonnent aux paffions, c'eft avec fureur ;
s'ils fe donnent à la vertu, c'eft avec enthoufiafme. MONTAUSIER, dès fes premières années,
montra ce caractère ardent & peu flexible : mais
bientôt la profeffion des armes où l'appelle la
voix de fes Aïeux, dévoilera ce qu'il doit être un
jour. Dans cet état, où la licence la plus effrénée
s'allie avec la difcipline la plus auftère, où le courage qui élève l'ame eft trop fouvent voifin de l'in-
humanité qui la dégrade, où les traits d'héroïfme
les plus fublimes font à côté des atrocités les
plus révoltantes, où l'homme eft la honte de

l'humanité quand il n'en eſt pas la gloire, MON-
TAUSIER réunit la généroſité au courage , &
l'Homme de bien ſe confond en lui avec le
Guerrier. Il entre dans la carrière, & ſes premières armes promettent un Héros. Il ſe main-
tient quinze jours avec ſon frère dans un poſte
qui ne comportoit pas trois jours de défenſe.
Maréchal-de-Camp à vingt-huit ans , on le voit
s'enfoncer trois fois dans les bataillons ennemis , & revenir trois fois les mains chargées de
leurs Drapeaux. S'il eſt pris à la journée de Dut-
linguen , ſi les embarras d'une minorité orageuſe
empêchent de ſonger à ſa rançon , il ſe rachetera
lui-même ; que dis-je? il rachetera les compagnons
de ſon infortune , & s'engagera pour ceux même
qu'il ne connoît pas. A cette généroſité, digne du
ſiècle des Bayard , il joindra un amour ardent
pour ſon pays ; amour qui , dans une Monarchie , ne ſe ſépare point de l'attachement au
Souverain. Il verra reparoître, ſous le nom de
Fronde , cet eſprit de faction qui, ſous le nom
plus odieux de Ligue, avoit , un demi-ſiècle
auparavant, plongé la France dans tant de mal-
heurs. Mais ici quel ſpectacle s'offroit à ſes re-
gards & à ſes réflexions ?

D'un côté , des Princes faits pour être le soutien du Trône , travaillant en infensés à diminuer le refpect du Peuple pour cette autorité Royale à laquelle ils doiventtoute leur fplendeur ; des Grands indociles , cherchant à s'élever par le trouble ; un Prélat turbulent, proftituant aux factions la fainteté de fon Miniftère ; des femmes, fuivant le génie de notre Nation, fe mêlant à toutes ces intrigues, & l'amour attifant le feu de la guerre civile ; & ce qu'il y avoit de plus déplorable , des Magiftrats faits pour donner l'exemple de la foumiffion aux Lois , emportés par le délire général qu'ils avoient fait naître, transformés de Miniftres de la Juftice en Chefs de Stipendiaires , & fe couvrant ainfi d'un opprobre & d'un ridicule que la fageffe , la décence & la modération qui caractérifent les Magiftrats de nos jours rendent encore plus frappants.

Mais d'un autre côté, la vérité nous oblige de dire qu'une Régente opiniâtre & irréfolue , car elle étoit foible, compromettoit le pouvoir fouverain confié à fes mains imprudentes ; aveuglément livrée à un Miniftre adroit , mais timide, utile à la France au-dehors, nuifible

au-dedans, fans élévation dans l'ame, fans défir
du bien public, plus occupé de fortune que de
gloire, & d'entaffer d'immenfes richeffes que
d'élever de ces monumens utiles qui immorta-
lifent une Adminiftration bienfaifante. On voyoit
tout l'Etat en combuftion par la mal-adreffe
d'une femme ; des impôts, peut-être injuftes,
fervant de prétexte à des révoltes toujours cri-
minelles ; &, par un effet néceffaire, les abus
de l'autorité portant une atteinte funefte à fes
droits les plus facrés. Quelle impreffion de-
voient produire de tels objets fur l'ame de
Montausier ? Exigerons-nous de lui un
attachement inviolable à fes devoirs, quand le
trouble & la confufion qui règnent dans l'Etat
égarent les meilleures têtes & trompent les
plus belles ames ? Sont-ce les deux plus grands
hommes de ce fiècle qu'il voit donner alterna-
tivement l'exemple de la révolte, &, par leur
nom feul, rallier autour d'eux une foule de
Guerriers ? Eft-ce le grand Condé qui croit
devoir employer la féduction des careffes pour
l'attirer à fon parti ? Déjà ce Prince avoit
appris à l'eftimer au camp de Dunkerque ; déjà
la rigide intégrité de Montausier fe faifoit

remarquer comme fa valeur, & Condé fentoit
peut-être le befoin de fe faire illufion fur fes
fautes en leur affociant la vertu même. Mais
non : elles n'auront pas cette excufe. A une ame
droite, MONTAUSIER joint un efprit trop jufte
pour ne pas voir que le bien public ne peut
naître de ces fatales diffentions ; que l'autorité
Royale, même dans fes écarts, eft préférable à
l'anarchie ; que l'ambition des Grands & la
légèreté populaire font également dupes de fe
confier l'une à l'autre ; & qu'enfin, fi malheu-
reufement parmi nous les minorités font prefque
toujours le moment des factions, c'eft auffi le
moment qui doit rallier tous les vrais Patriotes
autour de l'Enfant facré dont on veut dévafter
l'héritage. Il ne fe fouillera donc point d'une
tache que les Turenne & les Condé n'ont
effacée qu'à force de gloire. Bien moins encore
fe laiffera-t-il égarer par fes reffentiments contre
un Miniftre artificieux dont il aura fouvent
éprouvé la fauffeté. Eh ! qu'importe à la fainteté
de fes devoirs qu'un Miniftre le néglige ou lui
rende juftice ? Ce n'eft pas pour Mazarin, c'eft
pour fon Roi qu'il arrête les progrès du grand
Condé ; c'eft pour fon Roi qu'il parcourt l'An-

goumois, la Saintonge, le Périgord, combattant le Parti rebelle, tantôt par fes armes, tantôt par fa vertueufe éloquence; c'eft pour fon Roi qu'il fait la conquête de Saintes & de Taillebourg; enfin, c'eft pour fon Roi qu'il tombe accablé par le nombre, & percé de cinq bleffures prefque mortelles.

Il eft, parmi les ferviteurs des Rois, des hommes méprifables, efclaves & inftruments du pouvoir arbitraire, & qui, toujours tremblants fous la verge du defpotifme, fe confolent de leur aviliffement par le lâche plaifir de pouvoir opprimer à leur tour. Ce n'eft pas ainfi que MONTAUSIER fut dévoué à l'autorité Royale. L'idée d'une telle baffeffe ne pouvoit entrer dans fon ame. Vainement la Cour lui ordonne de ravager les terres des Grands attachés à la Fronde. Il n'exécutera point ces ordres auffi imprudents que fanguinaires; il ne ruinera point de malheureux Colons; il ne les punira point des fautes de leurs Seigneurs, & ne réduira point ceux-ci à toutes les extrémités du défefpoir. Habitants infortunés des campagnes, victimes innocentes de la rapacité des gens de guerre, tant qu'il commanda les armées vous

trouvâtes en lui un généreux Protecteur. Auroit-il exigé d'odieuses contributions , ce Héros
qui difoit fi bien qu'à la guerre , on devroit
craindre notre valeur feule , & non pas notre
cupidité ? La pefte ravage la Normandie dont le
Gouvernement lui eft confiée : il y vole ; les
repréfentations de fes amis, les alarmes d'une
époufe éplorée, rien ne l'arrête. C'eft dans de
tels moments qu'il eft jaloux des fonctions de fa
place. Province affligée, avec quelle reconnoiffance vous le voyez expofer fes jours pour
vous, comme il les avoit expofés dans les com-
bats pour fon Roi ! Telle étoit la vertu de ce
grand Perfonnage, que, fous un vifage févère,
il cachoit l'ame la plus compatiffante. Eh !
qu'eft-ce en effet que la vertu , finon un vif
fentiment d'amour pour les hommes ? Croira-
t-on qu'un Guerrier fi intrépide n'ait jamais
eu la force d'affifter à un Confeil de guerre où
il fallût prononcer la mort d'un coupable ?
Quoi ! cet homme, capable des actions les plus
héroïques lorfque l'honneur exaltoit fon courage; qui, dans la chaleur d'une bataille, en-
levoit trois drapeaux , & tuoit de fa main ceux
qui les défendoient ; eft-ce lui qui ne peut fe

réfoudre à contribuer de fang-froid au jufte
fupplice d'un autre homme? Quel eft donc ce
mélange d'une bravoure voifine de la témérité,
& d'une fenfibilité qui approche de la foibleffe ?
Mais que cette foibleffe eft aimable! & qu'elle
relève & embellit fon héroïque valeur! Quelle
ame célefte eft cachée fous cet extérieur auftère !
& fi fon premier abord intimide, combien il
devient cher à qui connoît le fond de fon
cœur! Que les méchants le craignent; il les
hait, parce qu'il aime les hommes : mais vous,
ames honnêtes, raffurez-vous à fon approche.
Cet air qui vous en impofe n'eft que l'expreffion
habituelle de l'indignation qu'excite l'injuftice
dans le cœur d'un ami de l'humanité. Et vous,
Guerriers féroces, s'il en eft de tels parmi
nous, apprenez à connoître le véritable courage.
Loin d'exclure la fenfibilité, il la fuppofe; il
eft une vertu, & toutes les vertus naiffent d'une
belle ame. Il a fon principe dans un amour
ardent pour fa Patrie ; & fi le Guerrier, pénétré de ce noble fentiment, ofe braver &
porter la mort dans ces moments d'une ivreffe
belliqueufe où l'enthoufiafme de la gloire l'en-
flamme, après la victoire il gémira fur le fang

qu'il aura verſé , & des larmes, non de re-
mords , mais de compaſſion , arroſeront ſes
lauriers. Tels furent autrefois ces généreux
Guerriers, ſi célèbres dans nos Faſtes ; tel a été
MONTAUSIER, devenu, en les imitant, un des
plus dignes modèles qu'on puiſſe offrir aux
Gentilshommes François, & des plus propres à
conſerver chez eux & peut-être à ranimer ce
noble eſprit de notre ancienne Chevalerie.

Mais la culture de l'eſprit manquoit à nos
anciens Héros, plus braves que polis, plus
vertueux qu'éclairés. Avec non moins de vail-
lance & de vertu, MONTAUSIER leur fut
ſupérieur en lumières. Admis de bonne heure
à cet Hôtel de Rambouillet où les plaiſirs de
l'eſprit étoient préférés à l'inſipidité des amu-
ſements ordinaires, où la belle Littérature,
encore à ſon aurore, jetoit quelques rayons qui
furent bientôt ſuivis d'un plus grand éclat , il
avoit puiſé dans cette Société diſtinguée le
goût des Lettres & même celui de la Poëſie
qu'il cultiva quelquefois. Oui, l'auſtère MON-
TAUSIER ſacrifia aux Muſes, & montra bien
qu'elles ne ſont pas incompatibles avec la ſévérité des mœurs & du caractère. Les Lettres

élèvent l'ame autant qu'elles poliſſent l'eſprit ;
elles ſont le plus doux aliment de ceux qui
ſont nés avec le beſoin de penſer & de ſentir.
Néceſſaires ſur-tout aux Grands , elles tempèrent
l'orgueil de leurs préjugés , & ajoutent une
ſupériorité réelle à cette ſupériorité apparente
que leur donnent la naiſſance & les richeſſes.
Si le grand Homme que nous honorons les eût
mépriſées , eût-il été digne de diriger l'éducation du Dauphin ? Quel homme pour élever le
fils d'un Roi , qu'un Courtiſan qu'on ſuppoſeroit
vide de connoiſſances & d'idées , incapable
d'inſpirer à ſon Elève non-ſeulement ce goût
du beau qui naît du commerce des Muſes , &
qui répand je ne ſais quoi de noble & de
brillant ſur toutes les actions d'un Prince , mais
encore cette douceur de mœurs , cette ſenſibilité , cette humanité , que les Lettres donnent
preſque toujours à ceux qui les cultivent !

Cependant ſeroit-ce aſſez pour remplir dignement une telle Place d'y porter de l'inſtruction & des lumières ? & ne faut - il pas y
joindre une vertu mâle & une franchiſe de
caractère incapables de compoſer avec le vice
& de déguiſer des vérités utiles ? Voilà ce que
Louis

Louis XIV trouva dans Montausier. Un homme que la Cour & la Ville voulurent reconnoître dans le portrait du Misanthrope, & qui fut bien éloigné de s'en offenser, n'étoit assurément pas un Flatteur. Ce n'étoit pas un Flatteur que celui qui, bravant non-seulement les railleries des Courtisans, mais même la tendresse foible & mal-entendue d'une mère, assujettissoit le Prince son fils à des études réglées, à des occupations continuelles, & écartoit de lui cette foule de Corrupteurs qui environnent les Princes. Mais quoi! ai-je besoin de justifier Montausier! & faudra-t-il convertir son Eloge en Apologie? Ne le dissimulons pas; il est des Appréciateurs sévères des vertus (& je ne parle point ici de ces Détracteurs jaloux, qui ne croient point à celles des grands Hommes, même lorsqu'ils ne sont plus, pour qui tout ce qui s'élève au-dessus d'eux n'existe point, & qui n'ayant d'autre idée de la dignité de l'espèce humaine que celle qu'ils sont forcés de prendre d'eux-mêmes, justifient en effet leur incrédulité par leur bassesse) ; je parle des hommes éclairés & justes, mais délicats sur les renommées, qui ne veulent admirer que ce qui est véritablement admirable, & qui, portés à

B

croire que l'éclat des vertus humaines eft bien
rarement pur , fe font un objet d'inftruction de
l'étude des imperfections qui les terniffent.

Eh. quoi ! diront - ils , celui qui , élevé
dans la Religion Réformée , abandonna le Culte
paternel en un temps où ce changement menoit
à la fortune & aux bonnes grâces du Souverain ,
avoit-il une vertu fi rigide & fi pure ? Celui
qui , careffant l'orgueil de Louis XIV par des
louanges démefurées , ofoit lui dire que fans
étude & fans peine , & par la feule force de
fon efprit , il étoit devenu le plus grand , le
plus habile & le plus vigilant Roi du monde ;
qu'il étoit un Héros dans qui le Ciel avoit pris
plaifir à raffembler toutes les vertus Royales ,
pour en faire l'admiration de l'Univers : étoit-ce
un implacable ennemi de la flatterie ?

Cenfeurs plus rigoureux envers MONTAUSIER
après fa mort , que fes Contemporains ne l'ont
été pendant fa vie , ne craignez-vous point , en
attaquant fa gloire , de ternir en même temps
celle des plus refpectables perfonnages de fon
fiècle ? Et pour parler d'abord de la Religion ,
lorfque vous voyez un Turenne , un MONTAU-
SIER , abandonner le Culte de leur enfance ,
j'en appelle à vous-mêmes , & je demande fi ,

dans le fond de vos cœurs, vous ne sentez pas quelque peine à soupçonner de si grands Hommes de l'avoir fait par de vils motifs ? N'accusez point sur-tout MONTAUSIER, qui abjura le Proteftantifme dans l'enfance de Louis XIV, d'avoir voulu plaire au févère Abrogateur de l'Edit de Nantes. Avouez plutôt que le fouvenir des troubles de la Ligue, & la réputation bien ou mal méritée que les Proteftans avoient eue fous le Règne précédent de Sujets turbulents, pouvoient alarmer un homme ferme dans fes principes d'attachement à fa Patrie & à fon Roi.

Ne diffimulons pas qu'il avoit cette opinion des Novateurs ; ajoutons même qu'il vouloit qu'on les ramenât, non par la perfuafion feule, mais encore en les privant de grâces, de dignités, de diftinctions; & quant à cette opinion qui fera de la peine aux ames tolérantes & douces, que la Religion & fes Miniftres la juftifient fi elle en a befoin : il ne me convient pas de m'en charger. Mais fi je n'ai point déguifé la vérité, qu'il me foit permis de la dire entière. Jamais du moins MONTAUSIER ne fut d'avis d'employer le glaive à l'extirpation des hérétiques; il dit expreffément le contraire.

Jamais il n'approuva cette févérité terrible avec
laquelle un Prince abufé dépouilloit des Sujets
dont il recevoit les contributions du droit im-
prefcriptible de Citoyen, livroit leurs biens à
d'infames raviffeurs, les forçoit à rougir d'être
pères, & cróyoit maintenir la Religion en in-
fultant à la Nature & aux mœurs. Rigueurs
funeftes ! qui, lorfque le temps aura tempéré
l'éclat dont le règne de Louis XIV éblouit encore nos yeux, feront peut-être une grande tache
à fa gloire, mais préparent un honneur immortel
au Souverain éclairé, qui en les adouciffant fe
montrera plus grand & plus jufte que lui.

Et quant aux louanges exagérées qu'on l'ac-
cufe d'avoir prodigué à ce Prince, que fes Cenfeurs blâment donc avec lui toute la France,
& je dirois volontiers toute l'Europe. Montausier penfoit & parloit comme fon fiècle:
tel étoit l'enthoufiafme univerfel & prefque
religieux que Louis XIV avoit infpiré. François,
Etrangers, Poëtes, Hiftoriens, Orateurs, Aca-
démies, Théâtres, Chaires facrées, tout le célé-
broit, tout rètentiffoit de fes louanges ; & fans
doute il en méritoit, puifque la Poftérité lui en
donne encore après toutes celles dont on
l'enivra pendant fa vie.

Que fi nous voulons remonter aux premières
caufes de cet efprit général, nous les trouve-
rons peut - être dans les troubles de la Fronde,
qui, laiffant des torts à plufieurs, les obligèrent
de les expier par des démonftrations de foumiffion plus marquées ; car l'autorité Royale,
quand elle fort victorieufe dès tempêtes qui
l'ont affaillie, n'en acquiert que plus d'éclat &
de force. Ainfi les défordres de la Ligue prépa-
roient à cette autorité abfolue qu'exerça le Cardinal de Richelieu, Roi fous le nom de Louis
XIII ; ainfi, après la guerre de la Fronde, tous les
efprits furent affervis à Louis XIV, & l'admiration qu'il infpira dès qu'il régna par lui-même,
en juftifiant cet afferviffement l'accrut encore.
Et en effet, fi nous fongeons à cette fuite con-
tinuelle de choix heureux qui fignalèrent les
belles années de fon règne célèbre, à cette foule
de grands Hommes en tout genre que fa voix
faifoit éclore, à fes victoires, à fes établif-
femens, à la protection qu'il accorda aux Beaux-
Arts & aux Arts utiles ; fi notre Nation eut
raifon de fe glorifier en lui, parce qu'il la repréfentoit dignement aux yeux de l'Europe ; s'il
éleva le caractère François, & fubftitua un orgueil plus noble à cette vanité dont les Etran-

B iij

gers nous accufent ; fi, par la dignité de fon
extérieur & la décence de fes manières, jamais
Prince ne fut plus propre à concilier à la Cou-
ronne la vénération des Peuples , comment
MONTAUSIER , qui ne vit point les vingt-cinq
dernières années de ce long règne , auroit-il
refufé à Louis XIV le tribut d'admiration que
lui payoit alors l'Europe entière ? Ce Monarque
eut des défauts ; fa magnificence coûta cher à
la Nation , fes victoires plus cher encore : mais
fes défauts tenoient à des vertus , & pouvoient
paffer pour telles aux yeux de fes Sujets éblouis.
Trop accoutumé aux louanges qui vont toujours chercher les Rois, bientôt il ne fut plus
poffible de l'aborder fans lui parler cette lan-
gue fi douce à fon oreille. MONTAUSIER du
moins les fit fervir d'enveloppe à des vérités
utiles. Ne lui reprochons pas ces formules adu-
latrices, qu'il fut forcé d'employer dans un Ecrit
où il falloit juftifier l'éducation févère qu'il
donnoit au Dauphin, & faire fentir à Louis XIV
les défauts de celle que lui-même avoit reçue.
Déplorons plutôt cette étrange foibleffe d'un
grand Roi, qui ne permettoit à la vérité d'ap-
procher de lui qu'avec tant de ménagement
& de foupleffe.

Sans doute une Cour, où malgré les grandes
qualités du Maître la vertu essuya quelquefois
des disgrâces, demandoit de la prudence & de
la circonspection dans la conduite. Mais celle
de Montausier ne fut point la prudence ar-
tificieuse des Courtisans ordinaires ; il puisa la
sienne dans la droiture & l'élévation de son
ame. Leur prudence n'est que de la dissimula-
tion, la sienne fut de la franchise. Leur art est
de se cacher, le sien fut de se montrer à dé-
couvert. Leur politique est de tendre à s'élever
sans cesse ; la sienne fut de se tenir noblement
à sa place, & de n'envier celle de personne. Il
ne se fit point d'ennemis, parce que, s'il dédaigna
de plier sous le joug des distributeurs des grâces,
qui, comme il le disoit, ne veulent pour amis
que des esclaves, il dédaigna plus encore de
travailler à ces trames secrètes que la haine
& l'envie savent si bien ourdir contr'eux. Il
ne se fit point d'ennemis, parce qu'il voyoit
avec pitié ces sourdes agitations des Courtisans
au pied du Trône, leurs efforts si ardents & si
cachés pour se supplanter mutuellement, leurs
cœurs dévorés de jalousies contre ceux qui
occupent les places auxquelles ils aspirent, sans
songer qu'en les obtenant ils deviendront l'objet

d'une jaloufie non moins dévorante ; pareils aux flots tumultueux qui s'élèvent fans ceffe , & retombent les uns fur les autres. Il n'eut point d'ennemis, parce que la bonté reconnue de fon caractère , qui le rendoit incapable de nuire , lui fit pardonner toutes fes autres vertus. Enfin, s'il faut tout dire, il n'eut point d'ennemis, parce que n'ayant rempli à la Cour aucune de ces places qui impofent à un Citoyen vertueux le devoir d'établir le bonheur public fur les débris des abus renverfés , il ne dut point entendre l'avarice & l'orgueil rugir en fureur autour de lui.

Auffi , en exceptant le temps où il fut chargé de l'éducation du Dauphin , honneur qu'on lui envia, quoiqu'il ne l'eût pas recherché , on peut dire que fa vertu le rendit plutôt l'objet des railleries des Courtifans que d'une haine profonde. Ils exercèrent contre lui ce talent perfide, par lequel le célèbre Montefquieu les défigne fi bien , celui de jeter un ridicule perpétuel fur la vertu. Mais leurs railleries avoient cela de remarquable, qu'on y fentoit percer le refpect pour cet homme extraordinaire, qui avec l'eftime de fon Roi conferva toujours l'eftime publique ; qui montra qu'il n'eft pas impoſſible, même à la vertu, de ſe ſoutenir à la Cour, & de qui la conſidération augmentant ſans ceſſe à meſure qu'il avançoit dans la carrière de la vie, jeta ſur ſa vieilleſſe honorée un éclat qui la lui rendit douce & facile à ſupporter.

Qu'on aime à voir un grand Homme jouir en paix de ſa vertu ! Il ſemble que le Ciel, en le laiſſant long-temps ſur la terre, ſe plaiſe à nous montrer tout-à-la-fois & le modèle & la récompenſe d'une vie pure. Le ſpectacle de la vertu malheureuſe nous attriſte & nous confond. Lorſque je ſuis le reſpectable l'Hôpital à Vignai, & que je le vois prêt à terminer ſa carrière dans la douleur & la diſgrâce, mon cœur ſe flétrit avec le ſien. Du fond du triſte exil où l'aimable & vertueux Fénelon achève ſes jours, s'élève comme un nuage qui obſcurcit la gloire de Louis XIV. Le bonheur de MONTAUSIER ſemble porter la ſérénité dans notre ame. Elle ſe plaît à contempler une vertu qui ne fut troublée par aucune adverſité, ni ſouillée par aucun vice. Parmi les grands Hommes dont le nom eſt parvenu avec éclat à la Poſtérité, combien peu dont on pût dire la même choſe ! Souvent en admirant le Héros ou le grand

Miniftre, on eft forcé de haïr l'homme. L'admiration qu'infpire MONTAUSIER n'eft point
fouillée par des reproches qu'on doive faire
à fa mémoire. Sa gloire eft pure comme fa vie.
Il n'eft pas un homme de bien qui ne préférât
fa carrière à celle de beaucoup de perfonnages
encore plus célèbres que lui. S'ils frappent plus les
imaginations vulgaires, fa mémoire eft plus chère
aux vrais Sages, parce que fes vertus publiques
ne coûtèrent jamais rien à fes vertus privées.
La France, à laquelle il importe tant d'avoir
des Rois dignes d'elle, n'oubliera jamais les
foins qu'il fe donna pour faire du fils de
Louis XIV un grand Prince; & puiffions-nous,
en développant à cet égard fes principes & fa
conduite, échauffer encore la reconnoiffance
nationale !

SECONDE PARTIE.

Celui qui confidère attentivement l'organi-
fation des Sociétés, ne peut fe défendre de
quelque étonnement, lorfqu'il contemple des
millions d'hommes foumis à un feul, foible &
mortel comme eux. Cette foumiffion eft-elle
l'ouvrage de la force ou de la volonté, de la
crainte ou de la raifon humaine ? Ah ! ne cher-

chons point à décider cette queſtion par les
faits ; la Morale ici nous ſervira mieux que
l'Hiſtoire. La Morale & le bon ſens nous crient
qu'un contrat exprès ou tacite a réuni les
hommes en ſociété pour leur avantage mutuel ;
& tandis que celui des Peuples ſe trouve dans
la ſûreté & la liberté dont ils doivent jouir
ſous l'autorité protectrice qui les gouverne, en
quoi peut conſiſter celui des Rois, ſinon dans
la gloire d'être les bienfaiteurs de l'humanité ?
Les vils Flatteurs qui oſent dire que les Peuples
ſont faits pour les Rois & non les Rois pour
Peuples, ſont donc les plus odieux ennemis de
la Majeſté Royale, puiſqu'ils tendent à convertir en ſentimens d'horreur & d'effroi l'amour
& la confiance qu'elle doit inſpirer. Mais ſi
la félicité d'une Nation eſt à-la-fois & le devoir & la récompenſe d'un Monarque, combien il lui importe de s'inſtruire des moyens
de l'établir ! combien il importe à la Nation
que les premières idées, les premières impreſ-
ſions de celui qui doit la gouverner un jour,
ſe rapportent toutes à cette fin ! Quel emploi que
celui de former un Prince pour le Trône ! &
quel homme en eſt digne ? Nous allons voir que
Montausier fut cet homme ; & d'abord quelles

durent être fes penfées, lorfqu'il fe vit chargé
de l'éducation du Dauphin ? Sans doute il fut
effrayé de l'importance de fes devoirs & de leur
difficulté : de leur importance : les plus grands
intérêts de la France lui étoient confiés. Il fe la
repréfentoit prête à lui reprocher un jour les
vices qu'il auroit laiffé germer dans le cœur
de fon Eleve. Les difficultés : ah ! c'eft ici qu'un
homme vertueux feroit tenté de perdre courage. La noble fimplicité des mœurs antiques
eft difparue ; le temps n'eft plus, où les enfans
des Rois pouvoient fe croire pétris du même
limon que le refte des hommes. A peine nés,
la fervitude & la flatterie s'emparent de
leur berceau; & dans le culte infenfé qu'on leur
rend, femblables aux Dieux des Gentils, leurs
yeux ne voient point encore, & déjà on s'age-
nouille devant eux; on les harangue, & leurs
oreilles ne peuvent entendre. Quand leurs or-
ganes fe développent, comment leur perfuadera-
t-on que les hommes font égaux & frères? eft-ce
en leur montrant fans ceffe la fupériorité de
leur rang ? Qui les accoutumera à la frugalité?
les délices dans lefquelles on les plonge ? A
dompter leurs paffions ? le refpect qu'on a pour
leurs caprices? A aimer la vertu? des Courtifans

qui ne vivent que de leurs foibleſſes ? Voilà pourtant les obſtacles que MONTAUSIER entreprit de
vaincre. Eſt - ce le Fils d'un Roi que je vois
dans un âge tendre aſſujetti à des études réglées,
ne prenant que la diſſipation néceſſaire pour dé-
laſſer l'eſprit & fortifier le corps, bravant le
froid & le chaud, forcé même de ſe conformer
aux abſtinences religieuſes ? Jeune homme, né
pour être Maître un jour, je me plais à vous
contempler entouré de vos Maîtres, & forcé
de vous inſtruire comme les enfans ordinaires.
J'aime à voir la pareſſe & l'inapplication na-
turelles à votre âge, gourmandées par un Gouverneur ſévère. Vous lui rendrez grâce un jour
des peines qu'il vous cauſe : vous comprendrez
combien il importe de contracter de bonne
heure l'habitude du travail ; combien celle des
vains plaiſirs rend un Prince foible & puſilla-
nime, inſenſible à la gloire, & incapable de
s'occuper de ſes intérêts même les plus chers.
En parcourant l'Hiſtoire de votre Patrie, vous
ſerez frappé des ſuites funeſtes de l'oiſiveté de
vos pareils ; quand les noms de tous ces Rois
oubliés, & auxquels il ne reſte plus que le titre
ignoble & mérité de fainéant, paſſeront ſous
vos yeux, vous ſentirez que les connoiſſances

dont on veut orner votre esprit dans le premier
âge, & le goût des Lettres qu'on cherche à
vous inspirer ne sont pas inutiles, ni à plus
forte raison messéantes à un Prince. Loin, bien
loin d'un Peuple poli, ce barbare mépris de la
science digne des Huns & des Francs! Vous
apprendrez dans le cours de vos études que les
premiers personnages du premier Peuple de la
terre avoient cultivé les Lettres : vous vous
pénétrerez sur-tout d'une vérité qui vous est
importante; c'est que le respect qu'une Nation
éclairée & spirituelle a pour ses Princes, ne
l'empêche pas de les apprécier ; qu'on juge de
leur esprit & même de leur caractère par l'estime qu'ils portent aux talents & aux Arts; &
qu'un Souverain augmente sa gloire, en hono-
rant & prenant sous sa sauve-garde la gloire
sacrée des grands Hommes qui ont illustré sa
Nation & son règne.

Pénétré de ces vérités, MONTAUSIER envi-
ronne le Dauphin de ce que la France avoit de
plus distingué par les lumières. Un Bossuet, dont
le génie sublime sembloit rendre à la Religion
toute l'élévation qu'il en recevoit, révèle au
jeune Prince les dogmes sacrés de cette Religion, devenue sous sa plume éloquente respec-

table aux Incrédules même. Il lève devant ses
yeux le voile qui couvre l'Histoire; il le pro-
mène d'un pas rapide sur les débris des Trônes
& des Empires, lui montrant d'une main le dé-
sordre & la fragilité des choses humaines, de
l'autre leur liaison avec l'ordre éternel & im-
muable arrêté dans le Ciel. Des Savants dans
tous les genres lui facilitent l'intelligence des
chef-d'œuvres de l'Antiquité. MONTAUSIER pré-
side à leurs leçons & à leurs travaux. Mais qui
se chargera plus particulièrement que lui de former son Elève aux vertus dont il aura besoin
pour être un jour un grand Roi?

Entre les vertus nécessaires aux Rois, il en
est une qui tient le premier rang, qui est la base
de toutes les autres, & que MONTAUSIER tâche
sur-tout d'inspirer au Dauphin ; c'est l'amour du
Souverain pour son Peuple. Ah ! s'il songe en
effet à tout ce que ses Sujets font pour lui, à
ces respects religieux qu'ils lui témoignent, à
leur fortune, à leur sang qu'ils lui prodiguent,
au soin de leur bonheur qu'ils lui confient, à
ces rayons de gloire dont ils aiment à le voir
couronné, comment paiera-t-il tant de dévoue-
ment & de confiance ? & ne seroit-il pas mé-
prisable à ses propres yeux, s'il ne se sentoit

jour & nuit dévoré du défir ardent de leur bonheur?

Il eſt des ames froides, mais amies de l'ordre, qui regardent la ſenſibilité comme une qualité ſouvent dangereuſe dans les Princes, & qui penſent qu'une juſtice ſévère, & inflexible leur ſuffit pour faire le bonheur public. Et en effet ſi, comme des Hommes éloquents l'ont dit, la juſtice eſt la bienfaiſance des Rois; ſi leurs Courtiſans jouiſſent de leurs grâces & leur Peuple de leurs refus; ſi l'amour de l'ordre eſt pour eux la première vertu, parce que c'eſt la ſeule dont ils ne puiſſent abuſer, il ſemble qu'ils ne ſe tiendront jamais aſſez en garde contre la bonté de leur cœur. Mais quoi! interdirons-nous aux Rois les plus doux ſentiments de la Nature? &, quand nous le voudrions, nous flatterions-nous d'y parvenir? Comment d'ailleurs un Prince inſenſible voudroit-il le bien? c'eſt dans le cœur qu'eſt le foyer de toutes les vertus. Gardons-nous donc de ſouhaiter de tels Princes; mais déſirons que leur ſenſibilité ſoit éclairée : ne la reſtreignons pas ; tâchons plutôt de l'étendre : qu'elle ait pour objet moins quelques individus que la Nation entière, moins ce qui entoure le Trône que ce qui en eſt éloigné,

gné, moins les Courtifans que le Peuple. Ah!
c'eft fur-tout dans un Etat où le Peuple eft trop
facrifié aux autres Ordres, où les abus odieux
de la féodalité pèfent encore fur lui, où la taille
perfonnelle & les corvées, reftes impurs de la
fervitude, l'aviliffent autant qu'elles l'écrafent,
où la mifère extrême, & la mendicité qui en eft
le fruit, ne peuvent être détruites que par des
Lois juftes, impartiales & égales pour tout le
monde ; dans un Etat où l'on ne peut faire une
bonne Loi en faveur de ce Peuple infortuné,
fans qu'elle excite les clameurs des Hommes
puiffants ; dans un Etat enfin où fon aviliffement
lui ôte toute énergie, & où cependant l'amour
de la Patrie & cet enthoufiafme général qu'il
infpire, peuvent feuls nous faire triompher
d'une Nation fière & forte de ces armes qu'elle
fait employer contre nous ; c'eft dans un tel
Etat qu'il eft important d'infpirer au Souverain
l'amour du Peuple. Mais peut-on aimer ce qu'on
ne connoît pas ? Le malheur du Peuple & de
fes Rois eft d'être à une trop grande diftance
l'un de l'autre ; & ceux qui rempliffent l'inter-
valle, que font-ils autre chofe le plus fouvent,
que d'arrêter fur eux feuls les rayons du Prince,
d'intercepter fa lumière vivifiante, & d'en priver

C

les claſſes éloignées? Si je dis que MONTAUSIER
étoit pénétré de ces vérités , trop indifférentes
à la plupart des Grands , & que dans les Ecrits
qu'il compoſa pour ſon Elève, il s'attendrit , de
la manière la plus touchante , ſur cette partie
infortunée de la Nation, qui fait preſque la Nation entière , combien ſa mémoire en ſera plus
chère aux ames honnêtes ! combien elles aime-
ront à voir un Homme d'une naiſſance illuſtre ,
animé du véritable eſprit qui doit caractériſer
la Nobleſſe Françoiſe, cette généreuſe Nobleſſe
qui ne marche à la tête du Peuple que pour être
ſa protectrice & ſon ſoutien , & de qui les juſtes
prérogatives feront toujours d'autant plus reſ-
pectées de la Nation , qu'elles lui feront moins
onéreuſes ! Mais MONTAUSIER ne borna pas ſes
ſoins à peindre à ſon Elève la miſère du pauvre :
il ſavoit que ce n'eſt pas aſſez de parler à l'eſprit
des jeunes gens ; c'eſt par les yeux qu'il faut
ébranler leur imagination & émouvoir leurs en-
trailles. Il fit donc mieux que de plaider la cauſe
du malheureux ; il la fit plaider au malheureux
lui-même en préſence du Dauphin. Il le condui-
ſoit ſouvent, dit l'Hiſtorien de ſa Vie , dans ces
aſiles obſcurs de la plus pénible indigence. Combien dut être frappé cet Enfant Royal, à qui ſes

fens n'avoient pu donner jufqu'alors aucune idée
de la misère, la première fois qu'il connut cette
effrayante diftance que nos inftitutions vicieufes
ont mife entre l'Homme & l'Homme ! comme
fon ame naïve dut être émue ! comme fur
fon front ingénu la trifteffe & l'étonnement
s'imprimèrent ! que ce contrafte du fafte exceffif
de la Cour & de l'extrême misère des Habitants
de la Campagne dut lui fembler étrange ! & quel
retour fur lui-même, quand le fage Gouverneur
lui dit : « Voilà pourtant la trifte condition de
» ces Hommes qui travaillent fans ceffe pour
» payer l'or dont vos Palais font ornés , & qui
» meurent de faim pour fubvenir aux frais de
» votre table » ! C'étoit ainfi qu'il le préparoit,
moins par des préceptes que par des objets à
la portée de fon âge , à ne point facrifier un
jour l'Etat à fa Cour, les Campagnes aux Cités;
les Provinces à la Capitale, le Peuple entier à
un petit nombre d'individus.

Mais, lorfque des humbles toits du Labou-
reur il retournoit avec lui dans les Jardins du
fuperbe Verfailles, lorfqu'il fongeoit aux fom-
mes immenfes que coûtoit à la Nation ce faf-
tueux monument de la grandeur de fon Roi,
que pouvoit-il penfer & que pouvoit-il dire?

C ij

Admirer la magnificence du Prince ? louer son
goût pour les Arts ? ah ! cette magnificence
& ce goût coûtoient trop cher. Périssent les
Talents & les Arts, s'il faut que la sueur & le
sang du Peuple engraissent le sol où ils doivent
fleurir ! Eh ! que peuvent produire les plus
sages instructions, combattues par des exem-
ples qu'on est forcé de respecter ? Comment
un Prince, accoutumé dès ses premières années aux dépenses immodérées qu'entraîne le
faste de la Maison Royale, ne les regardera-t-il
pas comme indispensables ? & se persuadera-t-il
aisément que, maître jusqu'à un certain point
d'étendre ou de borner ses revenus, puisqu'il les
tire de ses Sujets, l'exacte probité ne lui permet
de leur imposer des contributions , qu'autant
qu'il consacre à leur avantage cette partie de leur
subsistance dont il les prive ; que toute dépense
qui n'a pas le bien public pour objet, de quelque
prétexte spécieux qu'on la colore , est un vol ;
que si la magnificence du Trône est nécessaire
à l'Etat, le Monarque doit peser cette nécessité
avec d'autant plus de scrupule , qu'il est juge dans
sa propre cause , & qu'enfin un Peuple heureux
est la vraie magnificence des Rois ?

Il appartenoit à MONTAUSIER de présenter

au Dauphin de telles vérités. Mais que serviroit à un Héritier du Trône d'en être pénétré, si un sage Instituteur ne cherchoit encore à lui inspirer cette fermeté sans laquelle l'amour du bien public devient une vertu inutile dans le Souverain? s'il ne l'avertissoit qu'il exista par-tout & dans tous les temps une sorte de ligue & comme une conspiration sourde de la puissance contre la foiblesse & de la richesse contre l'indigence, que son devoir est de réprimer sans cesse? s'il ne lui disoit que sa fermeté seule peut vaincre toutes les difficultés, & que bien connue, elle peut même les empêcher de naître; au lieu qu'un Prince foible porte en lui-même le plus grand obstacle au bien qu'il désire? Et en effet, sous un tel Roi, l'Intrigue assiégera perpétuellement le Trône; ses Ministres les mieux intentionnés craindront plus de déplaire à ses favoris ou à ses maîtresses qu'à lui-même : aucun bon établissement n'acquerra de consistance; il deviendra le jouet de ses Courtisans & perdra l'estime de son Peuple, parce qu'on sentira trop que ce n'est pas lui qui gouverne, & que par des variations perpétuelles il semblera s'accuser lui-même à la face de l'Univers de n'avoir ni suite dans ses vues, ni plan dans fa conduite. Tels font les effets de la foibleffe d'un Roi.

Mais lui fera-t'il poffible d'être ferme s'il n'eft pas éclairé? Et c'eft ici qu'on fent combien MONTAUSIER avoit raifon d'infifter fur la nécef-fité d'inftruire les Princes. Sans l'inftruction & les lumières, la fermeté ne dégénère-t'elle pas en une opiniâtreté capable de produire les plus grands maux? Lorfque MONTAUSIER recomman-doit tant à fon Elève d'accueillir la vérité, cette amie févère des Rois; lorfqu'il lui difoit qu'un cœur docile à fa voix étoit le don le plus pré-cieux qu'un Prince pût recevoir du ciel, ne le fuppofoit-il pas capable de la diftinguer du men-fonge & de l'erreur? C'eft par la fermeté que le Prince eft fort; c'eft par l'inftruction qu'il connoît l'étendue & les limites de fa force. C'eft par elle qu'il acquerra ces vues vaftes & générales qui le guideront dans les détails compliqués de l'ad-miniftration d'un grand Royaume, & le mettront fouvent en état de les fimplifier. C'eft par elle qu'il fera véritablement le Maître, qu'il donnera le ton à fa Cour, qu'il pourra du même coup-d'œil démêler & déconcerter les rufes de la baffeffe avide, qu'il dominera les agents de fon autorité, leur communiquera son impulsion au lieu de prendre la leur, & fera fûr de ne pas recevoir d'eux, fans s'en apercevoir, les ordres qu'il croira leur donner. Enfin c'eſt par l'inſtruction qu'il aimera la paix, qu'il en ſentira tous les avantages pour améliorer la condition de ſon Peuple, qu'il la préfèrera à la Guerre, & à ce déſir inſenſé des conquêtes contre lequel s'élevoit hautement MONTAUSIER, Guerrier lui-même, & Courtiſan d'un Roi de qui l'ambition effraya juſtement l'Europe.

Tous ſes entretiens avec le Dauphin ne furent que le développement de ces ſages maximes. Il les conſigna dans des écrits deſtinés à l'inſtruction de ce Prince; il les lui expoſoit en particulier; il les lui répétoit en préſence de la Cour, & quand le ſourire moqueur des Courtiſans pouvoit en affoiblir l'impreſſion dans l'eſprit de ſon Elève, il les forçoit bientôt à prendre un air plus ſérieux par la peinture énergique qu'il lui faiſoit du caractère des Flatteurs & de l'art perfide avec lequel ils ſavent empoiſonner l'ame des Princes. Ah! je ne m'étonne plus s'il fut un moment où toute la Cour ſe ſouleva contre lui; ſi l'on alarma la tendreſſe maternelle de la Reine; ſi, cachant leurs vraies craintes ſous l'apparence du zèle le plus pur, fes envieux publioient qu'il ruinoit la fanté du jeune Prince par une éducation trop févère & des études forcées. Lâches calomniateurs d'un grand Homme! vous ne craignez pas que la fanté du Dauphin s'affoibliffe, vous craignez que fon ame fe fortifie : vous favez trop qu'un bon Prince ne peut l'être pour vous; & vous preffentez vos défaftres dans ce qui doit accroître un jour la félicité publique. Mais ces déclamations infenfées qui effraient la famille de MONTAUSIER, l'épouvanteront-elles? Quel parti prendra-t-il? oppofera-t-il l'intrigue à l'intrigue, & le manége à l'artifice? Non : il prendra le feul parti qui convienne à une ame droite, & franche; il fe juftifiera devant Louis XIV par un Mémoire folide & vigoureux; & jamais peut-être ce Prince ne parut fi grand dans fa vie privée, que, lorfqu'approuvant hautement la conduite du fage Gouverneur, il dit ces belles & mémorables paroles: *Mon fils m'eft bien cher, mais j'aimerois mieux qu'il mourût que s'il n'étoit pas honnête homme, & qu'il fît par-là le malheur de fes Peuples.*

Ce fut ainfi que, foutenu par la fermeté de Louis XIV, MONTAUSIER vit fe diffiper cet orage momentané, & pendant le refte de l'éducation du Dauphin, n'eut plus de contradiction à craindre : tant il eſt vrai qu'un Roi, quand il le veut, peut d'un ſeul mot pulvériſer tous les reſſorts des intrigants ; & que la cabale & l'envie, qui n'ont de force que par ſa foibleſſe, ſont réduites, quand il eſt ferme, à ſe ronger en ſilence elles-mêmes !

Mais lorſqu'il fut temps de quitter des fonctions qu'il avoit ſi dignement exercées, je crois l'entendre avec cette autorité ſévère que lui donnoient ſon caractère & ſa place, tenir au Dauphin ce diſcours :

» Prince, juſqu'à ce moment obligé de vous » montrer la vérité, ce devoir ſacré, je l'ai » rempli. Déſormais, ſi vous ne la voulez pas » entendre, je n'aurai plus le droit de vous la » dire. Devenu votre propre maître, tremblez ; » les Flatteurs vont vous entourer : défiez-vous » d'eux ; défiez-vous de vous-même. Ne croyez » pas vous en délivrer en paroiſſant les haïr ; » ils vous flatteront, même en vous louant de » ce que vous n'aimez pas les Flatteurs. Mais » voulez-vous voir en effet ſi leurs artifices ne » vous ont point corrompu ? il en eſt un moyen » facile & ſûr, & c'eſt ſur vous-même que vous » en ferez l'expérience. Si, lorſqu'on aura le

» courage de vous dire des vérités importantes
» & falutaires, mais fortes & peu agréables,
» vous n'avez pas celui de les entendre; fi l'hon-
» nête homme qui n'a pas craint de vous les
» préfenter, vous infpire de l'averfion; fi vous
» jugez que s'intéreffer à votre gloire foit vous
» manquer de refpect, vous êtes perdu. Vous ne
» faurez plus diftinguer les hommes de bien des
» méchants, ni vos fidèles ferviteurs de ceux
» qui trahiront votre confiance. Les hommes
» d'un vrai mérite ont une fierté noble & mo-
» defte qui les éloignera de vous, & vous ne
» les chercherez pas. En proie aux Flatteurs,
» cette pefte des Nations & des Princes, ils vous
» infpireront le goût des baffes voluptés, & de
» la tyrannie qui marche toujours avec elles.
» Ils vous rendront un jour le corrupteur &
» l'oppreffeur de vos Peuples. Pour moi, j'em-
» porte en fortant d'auprès de vous la fatisfac-
» tion pure de n'avoir rien négligé pour vous
» rendre vertueux; & je laiffe dans votre propre
» cœur un témoin qui ne pourra, quoi qu'il
» arrive, me refufer cette juftice. *Si vous êtes*
» *honnête homme, vous m'aimerez; fi vous ne*
» *l'êtes pas, vous me haïrez, & j'en ferai con-*
» *folé* «.

Quels fruits on avoit droit d'attendre des leçons d'un homme de ce caractère, fi le Dauphin eût régné! Mais quoique ce Prince, jufqu'à la fin de fa carrière, n'ait pu fe montrer que fils refpectueux & foumis, MONTAUSIER ne s'en préfente pas moins au fouvenir de la Poftérité, comme un modèle pour tous les Gouverneurs des Héritiers du Trône. La France a vu plus d'une fois la mort détruire les efpérances qu'elle avoit conçues des Enfants de fes Rois. Elle a perdu ce fils de Louis XV, dont elle fe plaît encore à entendre célébrer les vertus. Elle perdit ce grand Dauphin élevé par le févère MON-TAUSIER, & ce Duc de Bourgogne inftruit par celui de tous les hommes qui favoit le mieux rendre la vertu aimable. Tous deux infpirèrent à ces Princes des idées juftes & faines; les prémunirent contre les illufions de la fauffe gloire, contre l'ambition des conquêtes, contre ce fafte ruineux qu'on appelle de la magnificence. Mais Fénelon, foutenu par le fage Beauvilliers, parloit à fon Elève dans un temps où la fplendeur de la France commençant à s'affoiblir, rendoit fes leçons plus perfuafives, en les rendant plus néceffaires; dans un temps où les revers donnoient à Louis XIV d'amères inftructions, &

où la voix publique qui l'avoit tant flatté, le détrompoit de ſes erreurs. MONTAUSIER eut un mérite plus grand peut-être, en inculquant au Dauphin ces mêmes maximes au milieu des ſuccès brillants qui livroient la Nation & ſon Roi à tout l'orgueil de la proſpérité, à toute l'ivreſſe de la vaine gloire. Si d'ailleurs on pouvoit toujours répondre du caractère des Princes par celui des Inſtituteurs, le grand Dauphin & le Duc de Bourgogne auroient ſans doute été bons, vertueux, ſages ; auroient honoré tous deux le Trône & l'Humanité. Mais il ſemble que l'Elève de MONTAUSIER devoit porter ſur ce Trône une vertu mâle & forte, & celui de Fénelon une vertu plus douce, &, ſi je puis m'exprimer ainſi, plus expanſive. On auroit vu l'un ſe replier ſouvent ſur lui-même pour s'obſerver & ſe juger avec ſévérité; l'autre répandre ſon ame autour de lui, preſſé du beſoin de compatir & de faire des heureux. Enfin, Fénelon ſembloit propre à former des Titus, & MONTAUSIER des Marc-Aurèle.

PRÉCIS DE LA VIE

DU DUC

DE MONTAUSIER.

LA Maiſon de Sainte-Maure jouit de plus de ſix cents ans d'ancienneté. Guillaume de Sainte-Maure fut élevé par Philippe de Valois à la ſuprême dignité de la Robe. Une branche de Sainte-Maure s'allia, il y a environ quatre cents ans, à la Maiſon de Montauſier, une des meilleures de la Touraine, & en prit le nom. C'eſt de cette branche qu'eſt ſorti l'Homme célèbre dont nous allons parler.

Il naquit en 1610. Il fut le ſecond fils de Léon de Sainte-Maure, Baron de Montauſier, & de Marguerite de Châteaubriant, nom diſtingué parmi la Nobleſſe de Bretagne. Son père & ſa mère, élevés dans la Religion Proteſtante, y élevèrent leurs enfants.

La mère du Marquis de Salles (car ce fut le premier nom que MONTAUSIER porta) demeura veuve à vingt-cinq ans. Elle envoya ſes deux garçons s'inſtruire dans les Lettres à Sedan, où floriſſoit alors l'Ecole la plus fameuſe du Parti Proteſtant. Le fameux Dumoulin fut leur maître. Le jeune Marquis de Salles, d'un caractère

ennemi de la contrainte & peu facile à dompter, paroif-
foit montrer moins de difpofition pour les Lettres que
fon frère aîné, lorfque les Ouvrages d'un vieux Poëte
François, étant tombés entre fes mains, lui infpirèrent
du goût pour la Poëfie qu'il aima toujours & qu'il cultiva dans fa jeuneffe.

A peine il parut dans le grand monde, où fa naiffance
l'appeloit, qu'il rechercha la fociété des Gens de Lettres
les plus célèbres d'alors. Il fut admis à ce fameux Hôtel
de Rambouillet, où fe raffembloient les perfonnages les
plus diftingués par leurs connoiffances & leurs lumières.
L'affectation qu'on a reprochée aux beaux-Efprits de
l'Hôtel de Rambouillet, & l'efpèce de flétriffure Litté-
raire dont la mémoire des Scudery & des Chapelain eft
aujourd'hui couverte, ne nous laiffent pas une grande
idée du goût de la Littérature de ce temps-là ; mais le
vrai goût n'étoit pas formé. Racine, Pafcal & Boileau
n'avoient pas écrit; & après tout, ces Littérateurs fi
décriés, à commencer par Chapelain, n'étoient pas fans
quelque mérite (1).

---

(1) Ce fut à l'Hôtel de Rambouillet que le Marquis de Salles
prit du goût pour cette belle Julie d'Angennes, célébrée par tous
les Poëtes de fon temps, & qu'il n'époufa que plufieurs années
après. Il imagina de lui offrir le jour de fa fête une guirlande de
fleurs poëtiques à laquelle travaillèrent prefque tous les Rimeurs du
temps. Il le faut avouer, ces fleurs n'ont plus pour nous de coloris
ni de parfum. Si les Madrigaux de MONTAUSIER ne valent pas
mieux que les autres, ils ne font pas plus mauvais. Mais il feroit
injufte de juger à la rigueur les vers d'un homme de bonne compa-

A l'âge de vingt ans, le Marquis de Salles fit ses premières armes sous son frère aîné qui commandoit un Régiment. Les deux frères tinrent pendant quatorze jours dans une petite Place où l'on n'espéroit pas qu'ils pussent se défendre trois jours.

Nommé à vingt-huit ans Maréchal-de-Camp, & bientôt après Gouverneur de la haute Alsace, il se distingua au Siége de Brissac sous le Duc de Veimar ; & dans une action entre Sennes & Thânes, deux petites Villes d'Alsace, il s'enfonça trois fois dans les bataillons ennemis, remportant à chaque fois un de leurs étendards, après avoir tué celui qui le portoit.

Pris à la Journée de Duttinguen (en 1643), il eut à supporter, dit l'Auteur de sa Vie, toute la grossièreté & la mauvaise humeur d'un Comte Allemand entre les mains duquel il tomba. Sa captivité dura dix mois. La mort du Cardinal de Richelieu & les troubles qui s'élevèrent au commencement de la Régence d'Anne d'Autriche sous le Ministère timide & rusé du Cardinal Mazarin, empêchèrent la Cour de songer à la rançon ou à

---

gnie, qui, sans montrer aucune prétention, cherche à embellir des agréments de l'esprit les amusements de la Société.

De tous ces Madrigaux, il n'en est qu'un dont on se souvienne, & dont l'Auteur (Regnier Desmarais) eut alors la modestie de ne pas se faire connoître. Il fait parler ainsi la Violette :

> Fleur sans ambition, je me cache sous l'herbe ;
> Modeste en ma couleur, modeste en mon séjour :
> Mais si sur votre front je puis me voir un jour,
> La plus humble des fleurs sera la plus superbe.

l'échange des prifonniers. Il fut obligé de fe racheter à fes dépens pour dix mille écus. Il racheta en même temps plufieurs Officiers, & s'engagea pour un grand nombre d'autres qui lui étoient inconnus. Deux ans après, il fervit au Siége de Dunkerque fous le Prince de Condé.

En 1644, il avoit époufé Mademoifelle d'Angennes ; & ce n'avoit pas été fans obftacles. Mademoifelle d'Angennes étoit de trois ans plus âgée que lui, & avoit une raifon affez folide pour redouter un engagement qui compromettroit fa liberté. La naiffance, les qualités perfonnelles & la fortune de M. DE MONTAUSIER, augmentée par la mort de fon frère aîné tué à la guerre en 1632, rendoient cette alliance convenable. Mais M. DE MONTAUSIER étoit Proteftant. Les parents de Mademoifelle de Rambouillet ne vouloient point d'un Proteftant pour gendre. De toute fa famille, fa mère & lui reftoient feuls attachés aux opinions des Réformés. Madame de Braffac fa tante lui perfuada de rentrer dans le fein de l'Eglife. L'éloquence d'un Cordélier, appelé le P. Faure, & qui fut depuis Evêque, l'ébranla. Là crainte de déplaire à fa mère, & la peine que reffent toujours un honnête homme à changer de Religion jufqu'à ce qu'il foit pleinement convaincu que l'amour du vrai eft fon unique motif, le firent héfiter long-temps ; mais enfin la grâce opéra, & la feule loi qui lui fut impofée par fa mère un peu mécontente fut de ne jamais parler de Religion devant elle : loi fort fenfée entre perfonnes d'opinion différente, fur-tout fur une matière auffi grave, & qui, toujours fuivie, auroit épargné bien des troubles.   Lorfque

Lorfque ceux de la Frondé s'élevèrent, M. DE MONTAUSIER étoit eftimé & chéri du Prince de Condé. Il comptoit plufieurs de fes amis parmi les factieux. Mais il demeura toujours attaché à l'autorité Royale; & les mécontentements que lui donna le Cardinal Mazarin, dont la politique pufillanime ménageoit ceux qu'il avoit à craindre & négligeoit ceux dont il étoit fûr, ne purent ébranler fa fidélité.

En 1652, il courut dans la Saintonge & l'Angoumois arrêter les progrès du Prince de Condé, & ramena dans leur devoir un grand nombre de Gentilshommes qui avoient fuivi l'étendard de la révolte. Il reprit fur eux Saintes & Taillebourg. Dans la prife de cette première Place, il arrêta l'avidité du Soldat, & garantit de toute infulte le jeune Marquis de Larges qui l'avoit défendue. Sa fidélité envers le Roi, éclairée par la prudence & l'humanité, l'empêcha d'exécuter à la rigueur les ordres qui lui furent donnés de dévafter les Terres & d'abattre les Châteaux de Meffieurs de la Rochefoucault, de la Trimouille, & autres Seigneurs du Parti de la Fronde. Il fe contenta de paroître obéir.

Ayant fait entrer des renforts avec beaucoup d'habileté dans le Château de Contençai en Périgord, appartenant au Marquis d'Argens qui le défendoit contre les factieux, il fut obligé de foutenir un combat fort inégal fur les bords de la petite rivière d'Ifle. Il mit d'abord en fuite l'avant-garde des Frondeurs. Mais, abandonné par les Gendarmes d'Harcourt, il tomba au milieu des ennemis, reçut cinq bleffures très-graves, & eut cepen-

D

dant la force de se dégager. Ses troupes, qu'il étoit hors
d'état de conduire, furent battues. On le transporta
mourant à Angoulême, où il fut long-temps à se réta-
blir.

Depuis, M. DE MONTAUSIER, employé au
Gouvernement des Provinces & ensuite chargé de l'éducation du Dauphin, ne courut plus la carrière des armes.
Il accompagna cependant le Roi deux fois dans ses expé-
ditions militaires.

Au mariage de Louis XIV, la Cour étant à Angoulême où il commandoit, il y reçut le Roi, & l'accompagna à Bordeaux. Le Roi commença pour-lors à le
connoître & à le goûter. Il nomma Madame de Montausier Gouvernante des Enfants de France & Dame-
d'Honneur de la Reine. Il le créa Duc & Pair & Che-
valier de ses Ordres en 1664. L'année précédente, il lui
avoit donné le Gouvernement de la Normandie. Il s'y fit
estimer par son équité & sa sagesse, par les sages pré-
cautions qu'il prit pour mettre les côtes en sûreté contre
les insultes des Hollandois avec lesquels la France étoit
en guerre. Il eut d'abord des discussions avec le Parlement de Normandie, qui prétendoit ne devoir pas lui
rendre les mêmes honneurs qu'au Duc de Longueville
qu'il remplaçoit. Il soutint les droits de sa Place auprès
du Parlement, sans aigreur comme sans succès : il fallut
que l'autorité suprême parlât pour l'y maintenir.

La peste faisant des ravages à Rouen, il crut que
son devoir l'obligeoit à s'y rendre. Il partit malgré les
représentations de la Duchesse sa femme, & il disoit à

ce fujet que fi les Evêques étoient obligés à réfidence
en tout temps, les Gouverneurs l'étoient au moins
dans les temps de calamité publique.

(1668) Le Roi lui confia l'éducation de M. le
Dauphin, fans qu'il eût follicité cet honneur. Il ne le
dut qu'à fa probité incorruptible, à fes lumières, à fon
attachement pour le Roi, qui étoit moins celui d'un
Courtifan que d'un bon Citoyen; à la réputation enfin
que fa vertu lui avoit faite, même à la Cour.

On lit, dans les Souvenirs de Madame de Caylus, que
Madame de Montefpan, pour donner au Public bonne
opinion de l'empire qu'elle avoit fur le Roi, le détermina
à ce choix. Il feroit à défirer que les Maîtreffes des Rois
euffent toujours une politique auffi noble; leurs perfonnes
& leur mémoire en feroient plus refpectées. Après la
mort du Préfident de Périgny, nommé Précepteur du
Dauphin, le Duc DE MONTAUSIER propofa au Roi, pour
le remplacer, Boffuet & le favant Huet. Le premier fut
chargé d'apprendre au Dauphin la Religion & l'Hiftoire;
le fecond, de l'inftruire dans les Belles-Lettres. On connoît les beaux Ouvrages que le fublime Boffuet compofa
pour l'inftruction de fon Elève. Huet fit travailler les
Savants les plus habiles à des Commentaires fur tous les
Auteurs anciens, & préfida à ce grand travail. C'eft ce
qu'on nomme encore aujourd'hui les Commentaires *ad
ufum Delphini* (1).

_____

(1) Si l'on en croit l'Auteur de la Vie du Duc DE MONTAUSIER,
ce fut lui qui en conçut l'idée. Rebuté de la ftérilité verbeufe de la

L'éducation du grand Dauphin a immortalifé Montausier : elle fut telle que nous l'avons expofé dans
fon Eloge. Celle de Louis XIV avoit été négligée ; mais
ce Prince étoit affez grand pour fentir ce qui lui manquoit. Il entra dans les vues du fage Gouverneur : il
voulut éviter pour la fuite à M. le Dauphin les regrets
qu'il éprouvoit lui-même. Il voulut en faire un Prince
inftruit. Eh ! qui auroit plus befoin de tout favoir, s'il
étoit poffible, que celui qui doit tout conduire ?

---

plupart des Commentaires, il en vouloit d'autres plus inftructifs, &
faits fur un meilleur plan ;

1°. Qui expliquaffent l'obfcurité du texte née du tour de la
phrafe, ou de la difficulté de faifir la vraie acception du mot
employé.

A l'égard de l'obfcurité née du tour de la phrafe, il vouloit qu'on
fît l'expofition du texte dans un tour plus aifé & d'une conftruction
plus fimple.

A l'égard de l'obfcurité née de la difficulté de faifir le vrai fens
des mots, qu'on expliquât le terme difficile par un autre plus com-
mun, & qu'on fpécifiât la vraie acception du terme du texte.

2°. Que des notes claires, courtes & inftructives donnaffent l'intelligence des différents traits d'Hiftoire ou de Fable dont il eft fait
mention dans les Auteurs anciens, & des allufions qu'on trouve dans
leurs Ecrits à leur religion, leurs lois, leurs mœurs, leurs ufages, &c.

3°. Que chaque Commentaire fût terminé par une table de tous
les termes employés dans le texte, en faifant connoître les différentes
acceptions fous lefquelles le même terme pouvoit avoir été employé.

J'ai cru que le Lecteur ne feroit pas fâché de connoître ce plan
de Commentaires très-bien ordonné, & qui a procuré à la Jeuneffe
des Ouvrages utiles, quoique l'exécution n'ait pas toujours répondu
à la beauté du projet.

Mais quelques Courtifans, jaloux en fecret de la faveur de Montausier, & qui, d'ailleurs, ne voyoient pas trop ce qu'il y avoit à gagner avec un Prince très-éclairé, commencèrent par railler fa conduite, déclamèrent enfuite, & finirent par alarmer la tendreffe de la Reine. Madame de Caylus qui, dans fes Souvenirs, rappelle tous les difcours qu'elle avoit entendus dans fon enfance, blâme fur parole la févérité du Gouverneur, & dit qu'à force de fatiguer M. le Dauphin, il lui avoit infpiré pour l'étude une averfion infurmontable. Mais, fi tel étoit en effet le caractère du Dauphin, il ne paroît pas qu'une conduite différente lui eût infpiré le goût d'apprendre. L'éducation peut aider, peut diriger le naturel, mais elle ne le change pas. Quoi qu'il en foit, l'orage formé contre Montausier fut affez fort pour donner de l'inquiétude à Madame de Cruffol fa fille ; elle fe crut obligée de l'en avertir. Le Duc juftifia fon plan d'éducation par un mémoire très-folide qu'il remit au Roi. Louis XIV le lut, & impofa filence à fes détracteurs. On a vu dans l'Eloge les belles paroles qu'il dit à ce fujet. On y a vu auffi celles de Montausier au Dauphin, lorfqu'il eut achevé l'éducation de ce Prince. On connoît la Lettre qu'il lui écrivit après la prife de Philipfbourg : « Je ne vous loue » point d'avoir pris Philipfbourg ; vous aviez de bonnes » troupes & des Généraux habiles : je vous loue de ce » que vous vous êtes montré bon, généreux & humain ».

Il mourut en 1690, âgé de quatre-vingts ans, d'un afthme qui le tourmentoit depuis quelques années, & fut enterré aux Carmélites de la rue Saint-Jacques, auprès de fa femme, qu'il avoit perdue vingt ans auparavant. Fléchier prononça les Oraifons funèbres de l'un & de l'autre.

- Il n'eut qu'une fille, mariée, en 1664, au Marquis de Cruffol. C'eft par ce mariage que M. le Marquis de Montaufier d'aujourd'hui defcend du Duc DE MONTAUSIER.

. Sa carrière fut longue & heureufe. Il jouit durant fa vie d'une grande confidération, & fut peut-être l'homme le plus eftimé & le plus refpecté de fon temps. C'étoit un fingulier fpectacle de voir un Courtifan reffembler à Caton par la trempe de fon ame, par l'âpreté & la févérité de fa vertu. Jamais il ne fe mêla d'aucune intrigue. Dans la minorité de Louis XIV, il s'attacha à la Reine-Mère, dépofitaire de l'autorité, & peu au Cardinal Mazarin.

. Les bleffures qu'il reçut au combat de Contençai, l'empêchèrent de fuivre la carrière des armes. Ainfi, n'ayant afpiré ni au commandement des armées, ni au Gouvernement de l'Etat, il évita deux grands moyens de s'élever ou de fe perdre dans l'opinion publique. Son caractère le rendoit propre à l'emploi qui lui fut confié, & la manière dont il s'en acquitta fait fon plus beau titre à la gloire.

On fait que Molière l'ayant pris pour modèle de fon Mifanthrope, loin de s'en offenfer, il dit qu'il voudroit bien reffembler au portrait tracé par le Poëte.

Les liaifons qu'il avoit contractées dès fa jeuneffe avec des Ecrivains, auxquels Boileau fit perdre la confidération qu'ils avoient ufurpée, l'avoient prévenu contre ce Poëte célèbre, de qui les mœurs étoient auffi pures que l'efprit étoit jufte & folide. Il n'en coûta à Boileau, pour le faire revenir & fe concilier fon fuffrage, que deux vers, dans lefquels il exprima le défir de l'obtenir. Touché de cette honnêteté, le Duc devint l'ami de celui qu'il ne pouvoit s'empêcher d'eftimer. Ainfi, avec un peu d'adreffe, de modération & de prudence, on diffipe la prévention & la haine ; & cette attention, néceffaire dans tous les états, ne l'eft pas moins aux Gens-de-Lettres, expofés à fe faire des ennemis en fe livrant à des occupations qui fembleroient devoir être fi paifibles.

Le Duc DE MONTAUSIER mettoit dans fa manière de vivre une magnificence noble & proportionnée à fa naiffance, fes dignités & fa fortune.

Dans fa jeuneffe il ne fut pas infenfible aux charmes de la beauté, & il conferva toujours pour les femmes cette politeffe décente qui caractérifoit la Cour de Louis XIV.

Jeune, il fe battit quelquefois en duel. Il paya le tribut à ce préjugé de fon état & de fon fiècle, fi difficile à détruire, parce qu'il tient de près aux fentiments du courage & de l'honneur, & que la raifon ofe à peine combattre, dans la crainte d'être applaudie par la lâcheté : mais il ne voulut jamais appeler de fecond, ni en fervir à perfonne.

M. DE MONTAUSIER aimoit & admiroit Louis XIV. Après une maladie de ce Prince, comme il lui témoignoit les alarmes qu'il avoit eues pour une fanté fi précieufe : « Vous aviez raifon, lui dit le Roi ; vous auriez perdu » votre meilleur ami ».

On nous a confervé le Mémoire qu'il écrivit au fujet de l'éducation du Dauphin, & un Recueil de réflexions & de maximes qu'il compofa pour l'inftruction de ce Prince. C'eft dans le premier de ces deux Ouvrages qu'il fe crut obligé de prodiguer à Louis XIV des louanges exagérées. C'eft dans le fecond qu'il veut qu'on ramene les Proteftants, non pas, dit-il, par le glaive, mais par la privation de toutes charges, diftinctions, grâces & prérogatives. Il y fait regarder les Novateurs en ma-tière de Religion, comme des ennemis dangereux, qui, animés de l'efprit de cabale, font toujours auffi prêts *à fecouer le joug de l'autorité Royale* que celui des Pafteurs du Troupeau de J. C. De telles imputations, il faut l'avouer, étoient odieufes, puifqu'elles firent le mal-heur d'un million de Citoyens paifibles ; & l'on eft fâché qu'elles fe trouvent dans les Ecrits d'un homme tel que MONTAUSIER.

APPROBATIONS.

J'AI lu l'*Eloge de M.* DE MONTAUSIER, & je l'ai trouvé digne d'être préfenté à l'Académie. A Paris, ce 15 Juin 1781. ADHENET, Docteur de la Maifon & Société de Sorbonne.

Je n'ai rien trouvé de contraire à la Foi ou aux bonnes mœurs dans le préfent Manufcrit. A Paris, ce 17 Juin 1781. LUCAS, Docteur de Sorbonne.

www.ingramcontent.com/pod-product-compliance
Lightning Source LLC
LaVergne TN
LVHW022200080426

835511LV00008B/1477